BOEKANALYSE

Frankenstein
· · · · · · · · · · · · · · · · · ·

Mary Shelley

BOEKANALYSE

Geschreven door Claire Cornillon
Vertaald door Nikki Claes

Frankenstein

· ·

MARY SHELLEY

MUST READ

MARY SHELLEY

ENGELS ROMANSCHRIJVER, SCHRIJVER VAN KORTE VERHALEN, TONEELSCHRIJVER, ESSAYIST EN BIOGRAAF.

- **Geboren in Londen in 1797**
- **Overleden in Londen in 1851**
- **Opmerkelijke werken:**
  - *Frankenstein* (1818), roman
  - *The Last Man* (1826), roman
  - *Zwerftochten in Duitsland en Italië, in 1840, 1842 en 1843* (1844), reisverslag

Mary Shelley werd in 1797 in Engeland geboren en stierf in 1851. Ze schreef korte verhalen, essays en reisverhalen, maar haar beroemdste werk is haar debuutroman *Frankenstein* (1818). Als literaire vrouw mengde ze zich onder de intellectuelen van haar tijd. Ze was getrouwd met de romantische dichter Percy Shelley (1792-1822).

FRANKENSTEIN

EEN BESCHOUWING OVER DE OORSPRONG VAN HET KWAAD

- **Genre:** roman
- **Referentie-uitgave:** Shelley, M. (1999) *Frankenstein*. 2nd editie. Toronto: Broadview Press.
- **Eerste uitgave:** 1818
- **Thema's:** wetenschap, schepping, ervaringen, monster, bovennatuurlijk, trots

Mary en Percy Shelley, Lord Byron en dokter Polidori brachten de zomer van 1816 door in een dorpje bij het meer van Leman en besloten ieder een griezelverhaal te schrijven: dit was voor Mary Shelley de aanleiding om *Frankenstein: or, The Modern Prometheus te schrijven*.

De roman werd gepubliceerd in 1818. Het vertelt het verhaal van de jonge Frankenstein en hoe hij erin slaagt het geheim van het leven te ontdekken en een wezen te scheppen dat hij kan bezielen. Het schepsel wordt door iedereen verworpen, zelfs door zijn schepper. Het werk roept vragen op de grenzen van de wetenschap en de gevaren voor mensen die de mysteries van de natuur willen ontrafelen.

SAMENVATTING

WALTON'S BRIEVEN

Robert Walton schrijft aan zijn zus, mevrouw Saville, om haar te vertellen over de etappes van zijn reis, eerst in Sint Petersburg, daarna in Archangelsk (Rusland). Hij is op weg naar de Noordpool aan boord van een boot. Met zijn bemanning vindt en redt hij een man uit de kou. Deze man, die in feite op zoek is naar een man die van hem wegloopt, vertelt zijn verhaal aan Walton die het vervolgens overschrijft.

VICTOR FRANKENSTEIN'S VERHAAL

Victor Frankenstein begint zijn verhaal als volgt: "Ik ben een Genuees van geboorte en mijn familie is een van de meest vooraanstaande van die republiek" (hoofdstuk 1). Zijn ouders nemen een kind, Elizabeth, in huis en adopteren haar. Zij wordt ziek, getroffen door roodvonk, maar herstelt. Victors moeder, die Elizabeth verzorgt, krijgt echter ook koorts en sterft.

Victor vertrekt om te gaan studeren. Hij is gepassioneerd door het mysterie van het leven en slaagt er na veel onderzoek in het te ontrafelen: "Na dagen en nachten van ongelooflijke arbeid en vermoeidheid, slaagde ik erin de oorzaak van generatie en leven te ontdekken; nee, meer nog, ik werd zelf in staat om levenloze materie van leven te voorzien" (Hoofdstuk 4). Vervolgens werkt hij aan de schepping van een levend wezen. Wanneer het schepsel ontwaakt, vlucht Victor

Frankenstein van schrik. Getraumatiseerd door het ontwaken van het schepsel, wordt hij bevangen door een nerveuze koorts en blijft hij twee maanden bedlegerig. Zijn vriend, Henry Clerval, verzorgt hem.

Frankenstein verneemt uit een brief van zijn vader dat zijn broer William is vermoord. Vervolgens keert hij terug naar zijn familie. Justine Morritz, een vriendin van de familie, wordt van de moord beschuldigd, maar Frankenstein meent zijn schepsel in de buurt te hebben gezien en concludeert dat hij de echte dader moet zijn. Justine wordt berecht, veroordeeld en geëxecuteerd. Frankenstein, die niet ingrijpt, wordt overmand door schuldgevoelens.

Hij vertrekt naar de Alpen en ontmoet daar zijn wezen, met wie hij voor het eerst een paar woorden wisselt. Het schepsel vertelt hem wat er gebeurd is: hij moest zich verbergen, verstoten door alle mensen vanwege zijn lelijkheid en de schrik die hij veroorzaakte bij iedereen die hij tegenkwam. "Onder de talloze mensen die er waren, was er niemand die medelijden met me had of me wilde helpen. Nee, vanaf dat moment verklaarde ik eeuwig oorlog tegen de soort en vooral tegen hem die mij had gevormd en mij naar deze ondraaglijke ellende had gestuurd" (hoofdstuk 16), denkt het schepsel. Vervolgens vraagt hij Frankenstein een metgezel te scheppen die op hem lijkt, waarmee deze instemt.

Victor en Elizabeth gaan trouwen. Voor die tijd vertrekt Victor met Clerval naar Engeland om de wetenschappelijke informatie te verzamelen die hij nodig heeft om zijn taak te volbrengen. Maar uiteindelijk besluit Frankenstein, bang voor de mogelijke gevolgen, geen tweede schepsel te maken. Daarom vertrekt hij opnieuw per boot aan in Ierland.

Daar wordt hij beschuldigd van moord en ontdekt hij tot zijn schrik dat zijn vriend Clerval is vermoord. Daarna volgen twee maanden van koorts en delirium als gevolg van de ontdekking van zijn dood. Hij wordt onschuldig verklaard. Zijn vader komt hem opzoeken en ze vertrekken samen.

De bruiloft nadert snel. Maar toen Frankenstein had geweigerd een metgezel voor het schepsel te maken, had hij hem bedreigd: "Deze brief deed in mijn geheugen herleven wat ik eerder vergeten was, het dreigement van de duivel: 'Ik zal bij je zijn op je huwelijksnacht! " (Hoofdstuk 22). Elizabeth en Victor trouwen toch en gaan naar het Comomeer, maar Elizabeth wordt vermoord. Terug in Genève besluit Victor het wezen te zoeken en te vernietigen. De zoektocht gaat wereldwijd verder en leidt hem uiteindelijk naar de Noordpool, waar hij Walton ontmoet.

EEN TERUGKEER NAAR WALTON'S BRIEVEN

Als Walton en zijn bemanning besluiten door te gaan naar Engeland, sterft Frankenstein, verzwakt door zijn zoektocht. Het schepsel verschijnt kort daarna aan zijn zijde en vertelt Walton dat zijn pad nu ten einde is, aangezien zijn schepper dood is. Nadat hij zijn zelfmoord heeft aangekondigd, vlucht hij.

KARAKTERSTUDIE

VICTOR FRANKENSTEIN

Victor Frankenstein werd in Genève geboren in een welgestelde familie. Als kind is hij gepassioneerd door de mysteries van de wereld en door zelfstudie probeert hij ze te ontrafelen. Op de universiteit ontdekt hij de wetenschap van zijn tijd en, gefascineerd, hervat hij zijn onderzoek. Hij wil het geheim van het leven begrijpen en slaagt daarin. In zijn verhaal stelt hij zijn nieuwsgierigheid tegenover de contemplatieve houding van de vrouw van wie hij houdt, Elizabeth:

"Terwijl mijn metgezel met een ernstige en tevreden geest de prachtige verschijningen der dingen beschouwde, genoot ik ervan hun oorzaken te onderzoeken. De wereld was voor mij een geheim dat ik wilde ontsluieren. Nieuwsgierigheid, serieus onderzoek om de verborgen wetten van de natuur te leren kennen, blijdschap die verwant is aan verrukking, toen ze me werden onthuld, behoren tot de vroegste sensaties ik me kan herinneren" (Hoofdstuk 2).

Frankenstein is een ambivalent personage dat door alle andere personages als fascinerend wordt beschreven, maar wiens trots en nieuwsgierigheid de waanzin benaderen. Walton beschrijft hem in zijn brief:

"Ik heb nooit een interessanter schepsel gezien: zijn ogen hebben over het algemeen een uitdrukking van wildheid en zelfs waanzin, maar er zijn momenten dat, als een daad van vriendelijkheid jegens hem verricht of hem de meest onbeduidende dienst bewijst, zijn hele gelaat als het ware oplicht met een straal van welwillendheid en lieflijkheid die ik nooit geëvenaard zag. Maar over het algemeen is hij melancholiek en wanhopig, en soms knarst hij zijn tanden, alsof ongeduldig wordt van het gewicht van de ellende die hem benauwt" (Brief 4).

Toch laat deze briljante man zijn pas geboren schepsel in de steek. Zijn lafheid en onvermogen om de gevolgen van zijn daden te aanvaarden (door zijn stilzwijgen wordt Justine geëxecuteerd) storten hem in een afgrond van schuld. Hij ontdekt met afschuw dat hij de Doos van Pandora heeft geopend: "Helaas! Ik had een verdorven ellendeling in de wereld losgelaten, die zich verlustigde in bloedvergieten en ellende; had hij mijn broer niet vermoord?" (Hoofdstuk 7). Maar de dingen zijn niet zo eenvoudig en hij vergist zich in de aard van het wezen.

HET WEZEN

Het schepsel heeft geen naam. Victor Frankenstein schiep hem uit dood weefsel dat hij wist te animeren. Hij is groter dan een man en zijn fysieke verschijning is weerzinwekkend:

> *"Zijn gele huid bedekte nauwelijks het werk van spieren en slagaders eronder; zijn haar was glanzend zwart en vloeiend; zijn tanden waren parelwit; maar deze weelde vormde alleen maar een gruwelijker contrast met zijn waterige ogen, die bijna dezelfde kleur leken te hebben als de spierwitte kassen waarin ze zaten, zijn verschrompelde teint en rechte zwarte lippen" (Hoofdstuk 5).*

Bij zijn geboorte wordt zijn schepper bang en loopt weg. Het schepsel blijft dus alleen achter, door iedereen verlaten. Omdat zijn verschijning de mensen afschrikt, moet hij verborgen blijven. Hij begaat misdaden, dat is zeker, maar zijn aard is niet slecht. Hij leert zichzelf spreken en lezen, en probeert op de mensen te lijken. Hij is onschuldig geboren, maar de haat waarmee hij wordt geconfronteerd en zijn eenzaamheid hebben van hem een misdadiger gemaakt. Hij slaakt dan ook een kreet van wanhoop wanneer hij herenigd met zijn schepper:

"Heb ik niet genoeg geleden, dat u mijn ellende wilt vergroten? Het leven, al is het maar een opeenstapeling van angst, is mij dierbaar en ik zal het verdedigen. Gij hebt mij sterker gemaakt dan gij; mijn lengte is groter dan de uwe, mijn gewrichten soepeler. Maar ik zal niet in de verleiding komen om mezelf tegenover U te stellen. Ik ben Uw schepsel, en ik zal zelfs mild en volgzaam zijn voor mijn natuurlijke heer en koning, als U ook Uw deel wilt uitvoeren, wat U mij hebt opgedragen [...]. Vergeet niet dat ik Uw schepsel ben; ik zou Uw Adam moeten zijn, maar ik ben eerder de gevallen engel, die Gij van vreugde verdrijft om geen enkele misstap. Overal zie ik gelukzaligheid, waarvan alleen ik onherroepelijk ben uitgesloten. Ik was welwillend en goed; ellende maakte van mij een duivel. Maak mij gelukkig, en ik zal weer deugdzaam zijn" (Hoofdstuk 10).

Hij is afhankelijk van zijn schepper en wil het goede doen, maar zijn lijden heeft hem op het pad van het kwaad gebracht. Hij zegt tegen zijn meester: "Ik zou uw Adam moeten zijn", waarbij hij Frankenstein vergelijkt met God en zichzelf met de mens, zijn schepsel.

Het schepsel is dus een soort tragische, zelfs pathetische held die uiteindelijk zelfmoord pleegt na de dood van zijn meester.

ELIZABETH EN HENRY CLERVAL

Henry Clerval en Elizabeth vormen tegenhangers van het karakter van Victor. Volkomen positief worden alleen hun kwaliteiten belicht: ze worden voortdurend geprezen in het verhaal van Frankenstein. Henry is een trouwe vriend. Hij wordt het slachtoffer van de tragische gebeurtenissen.

"Wat Elizabeth betreft, zij is het geadopteerde kind van de familie Frankenstein. Victor groeide op en werd verliefd. Ze trouwen een paar jaar later. Haar schoonheid wordt voortdurend geprezen: "Toen mijn vader uit Milaan terugkeerde, vond hij in de hal van onze villa een kind dat mooier was dan een cherubijn – een schepsel dat leek te stralen van haar uiterlijk

> *en wiens vorm en bewegingen lichter waren dan het gems van de heuvels"*
> *(Hoofdstuk 1).*

Zij wordt geassocieerd met het licht, terwijl Victor en het schepsel wezens van de duisternis zijn. Zij vertegenwoordigt zuiverheid, liefde en mededogen, leeft in harmonie met de wereld en volgt de regels ervan, wat het complete tegenovergestelde is van Frankenstein, die gelooft dat hij een God onder de mensen kan zijn. Elizabeth sterft tragisch door de waanzin van Victor.

ANALYSE

EEN ROMAN INGESCHREVEN IN DE GOTISCHE TRADITIE

Frankenstein is geconstrueerd volgens het principe van beklijvende verhalen. Dit is een van de kenmerken van de gotische roman, een Engels literair genre uit de late achttiende en vroege negentiende eeuw dat overeenkomsten vertoont met de thriller en de horrorroman, met middeleeuwse kastelen, complexe plots, mysterieuze geheimen, een verontrustende en sublieme natuur en bovennatuurlijke elementen (andere voorbeelden zijn *The Castle of Otranto* van Horace Walpole, 1764, of *The Monk* van Matthew Lewis, 1796).

Sommige van deze gotische motieven en thema's vinden we terug in de roman van Mary Shelley, met name door de beschrijving van een grootse en sublieme, indrukwekkende, majestueuze, maar gevaarlijke natuur: de gebeurtenissen in de plot spelen zich af op een groot aantal locaties, waarvan de meeste tot deze wilde natuur behoren. Dit is vooral merkbaar in de volgende passage:

> *"De beklimming is steil, maar het pad is verdeeld in voortdurende en korte bochten, die u in staat stellen de loodlijn van de berg te overwinnen. Het is een verschrikkelijk desolaat landschap. Op duizend plaatsen zijn de sporen van de winterlawine te zien, waar bomen gebroken en verspreid op de grond liggen, sommige geheel verwoest, andere gebogen, leunend op de uitstekende rotsen van de berg of dwars op andere bomen"* (hoofdstuk 10).

Merk op dat deze kijk op de natuur ook wat onromantisch is.

De roman is opgebouwd als een verzameling documenten, namelijk brieven van Walton, die vertelt over zijn ontmoeting met Victor Frankenstein. Deze laatste vertelt zijn eigen verhaal terwijl Walton het transcribeert en toevoegt aan zijn brieven. Het verhaal wordt dus verteld door de personages in het verhaal en is geschreven in de eerste persoon enkelvoud. De vertelling van het schepsel aan Frankenstein en vervolgens van het schepsel aan Walton maken het verhaal compleet door het een ander gezichtspunt te geven. Maar de tekst concentreert zich vooral op de psychologische analyse van Frankenstein zelf, terwijl hij wegzakt in de greep van het schuldgevoel.

Dit proces verleent ook realisme aan een verhaal dat niettemin dicht bij het fantastische ligt en dat door criticus en schrijver Brian Aldiss (Brits romanschrijver en schrijver van korte verhalen, geboren in 1925) wordt aangemerkt als de allereerste sciencefictionroman. Bovendien is de schepping van Frankenstein gebaseerd op een wetenschappelijke hypothese en niet het resultaat van bovennatuurlijke gebeurtenissen, zoals het geval is in het genre van het fantastische. De hele roman gaat over het onderzoeken van een hypothese en de gevolgen daarvan: wat zou er gebeuren als de mens in staat zou zijn een kunstmatig wezen te creëren? Dit thema wordt overgenomen in de sciencefiction, namelijk met de verschijning van robots.

HET MONSTER

De vraag die opkomt bij het lezen van de roman is: wie het monster? Hoewel het verhaal wordt verteld door Victor Frankenstein, verschijnt het schepsel als slachtoffer. Hij is in de steek gelaten door zijn schepper. Bovendien vormt het schepsel, dat geen naam heeft, een tegenstelling tussen schijn en werkelijkheid: hoewel hij fysiek weerzinwekkend is, is hij niet intrinsiek slecht. Het is de angst en vooral de haat die hij bij de mensen oproept die tot zijn misdaden leiden. Zoals Francis Lacassin (Frans journalist en schrijver, 1931-2008) schrijft: "Het monster wekt meer afkeer dan angst op, niet door zijn lelijkheid, maar door de omstandigheden van zijn schepping en [...] door de logica van het kwaad waaraan hij door het lot niet kan ontsnappen" (Inleiding, Franse uitgave).

Wat de problematische aard van het schepsel uitmaakt, is dat het onnatuurlijk is. Het schepsel zou dat niet moeten zijn, want hij is het product van Frankensteins wilskracht. Toch is het Frankenstein die als het monster verschijnt, die Justine laat executeren, het leven van zijn familieleden in gevaar brengt en geen medelijden heeft met zijn eigen schepsel. Het schepsel is eigenlijk de ware held van de roman.

Frankenstein is een reflectie op de mens en de oorsprong van het kwaad: de gedachten van het schepsel gaan in die richting. Hij is het die ontdekt dat het kwaad mogelijk is en het uiteindelijk zelf tot stand brengt, zeggende:

> *"Was de mens inderdaad tegelijkertijd zo machtig, zo deugdzaam en prachtig, en toch zo gemeen en oneerlijk? Hij leek de ene keer slechts een telg van het slechte principe en de andere keer als alles wat men zich kan voorstellen van edel en goddelijk [...]. Lange tijd kon ik me niet voorstellen hoe een mens zijn medemens gaan vermoorden, of zelfs waarom er wetten en regeringen waren; maar toen ik details hoorde over ondeugd en bloedvergieten, hield mijn verwondering op en wendde ik me af met walging en afkeer" (Hoofdstuk 13).*

EEN MODERNE MYTHE

De ondertitel van de roman, *De moderne Prometheus*, nodigt de lezer uit de roman te zien als een herhaling van een oude mythe. Prometheus is een titaan. In *Theogonie* van Hesiod (Griekse dichter, midden achtste eeuw voor Christus) is hij het die de mensen schept en vuur steelt om aan hen te geven, maar deze trotse daad die de mensheid wil helpen zich boven haar toestand te verheffen, wordt door de goden gestraft. Prometheus wordt vastgebonden aan een rots en zijn lever wordt elke dag opgegeten door een adelaar, waardoor hij veroordeeld wordt tot eeuwig lijden. Evenzo wil Victor Frankenstein zich gelijkstellen aan de goden door de natuur te beheersen en zelf leven te scheppen. Daarmee begaat hij een misdaad van hoogmoed en zijn tragische lot straft hem zwaar. Hij verliest iedereen van wie hij houdt en sterft uiteindelijk.

Zijn verhaal is dus een soort morele fabel; zijn verhaal illustreert een voorschrift, namelijk dat van de wetenschap als overmoed (van het oude Griekse woord dat "hoogmoed" betekent): de wetenschap is uiterst machtig en de mens heeft onbeperkte mogelijkheden, hij kan zover gaan dat hij leven kan scheppen, maar dat hij dat kan betekent nog niet dat hij dat ook moet doen. Het verhaal van Victor waarschuwt Walton – daarom, zegt hij, wil hij zijn geheim niet onthullen, want net als de doos van Pandora is kennis gevaarlijk – en de roman waarschuwt de lezer: "Leer van mij, zo niet door mijn voorschriften, dan toch door mijn voorbeeld, hoe gevaarlijk het verwerven van kennis is en hoeveel gelukkiger de man is die gelooft dat zijn geboortestad de wereld is, dan hij die ernaar streeft te worden dan zijn natuur toelaat" (hoofdstuk 4).

VERDERE REFLECTIE

ENKELE VRAGEN OM OVER NA TE DENKEN...

- Welke visie op wetenschap presenteert de roman? Is die positief of negatief? Motiveer je antwoord.

- Analyseer de structuur van het verhaal. Hoe is het georganiseerd? Wie zijn de vertellers? Wat zijn de effecten van deze verhaalkeuze?

- In welke zin behoort deze roman tot de gotische traditie?

- Vergelijk het wezen uit de roman met het wezen uit één van de verfilmingen van het werk. Welke verschillen merk je op?

- Hoe verschillen Elizabeth en Victor's opvattingen over de wereld?

- Komt de roman pessimistisch over? Waarom?

- Hoe wordt de natuur in de roman beschreven? Wat is het effect van deze voorstelling van de natuur? Waarom kiest Mary Shelley volgens jou voor deze weergave?

- Verklaar de ondertitel van de roman: *De Moderne Prometheus*.

- Bevat deze roman thema's die vandaag dag nog steeds relevant zijn? Leg je antwoord uit.

- Waarom kunnen we zeggen dat de natuur de ware held van de roman is?

VERDER LEZEN

REFERENTIE-EDITIE

Shelley, M. (1999) *Frankenstein*. 2nd editie. Toronto: Broadview Press.

AANPASSINGEN

Frankenstein. (1931) [Film]. James Whale. Dir. USA: Universal Pictures.

Frankenstein. (1994) [Film]. Kenneth Branagh. Dir. USA: TriStar Pictures.

*We horen graag van jou! Laat
een reactie achter op jouw online bibliotheek
en deel je favoriete boeken op social media!*

De uitgever garandeert de betrouwbaarheid van de gepubliceerde informatie, die echter niet onder zijn verantwoordelijkheid valt.

www.50minutes.com

Master ISBN: 9782808687881
Papier ISBN: 9782808699280
Wettelijk depot: D/2023/12603/1208

Omslag: © Primento

Digitaal ontwerp: Primento, de digitale partner van uitgevers.